UNION SYNDICALE

DES

BANQUIERS DE PARIS ET DE LA PROVINCE

LOI DU 31 DÉCEMBRE 1917

Application de cette loi à divers cas

relatifs à la

nouvelle Taxe de vingt centimes par cent francs

et aux

Effets de commerce

QUESTIONS POSÉES — RÉPONSES

PARIS

IMPRIMERIE ET LIBRAIRIE CENTRALES DES CHEMINS DE FER

IMPRIMERIE CHAIX

SOCIÉTÉ ANONYME AU CAPITAL DE TROIS MILLIONS

Rue Bergère, 20

1918

UNION SYNDICALE

DES

BANQUIERS DE PARIS ET DE LA PROVINCE

LOI DU 31 DÉCEMBRE 1917

Application de cette loi à divers cas

relatifs à la

nouvelle Taxe de vingt centimes par cent francs

et aux

Effets de commerce

QUESTIONS POSÉES — RÉPONSES

PARIS
IMPRIMERIE ET LIBRAIRIE CENTRALES DES CHEMINS DE FER
IMPRIMERIE CHAIX
SOCIÉTÉ ANONYME AU CAPITAL DE TROIS MILLIONS
Rue Bergère, 20
1918

BANQUIERS DE PARIS ET DE LA PROVINCE

LOI DU 31 DÉCEMBRE 1917

I

Application de la loi du 31 décembre 1917 et réponses aux questions qui ont été posées à ce sujet en ce qui concerne les distinctions qu'il y a lieu de faire entre les cas où l'ancienne taxe de 0 fr. 10 à 0 fr. 50 demeure applicable et ceux dans lesquels la nouvelle taxe proportionnelle de 0 fr. 20 par 100 francs ou fraction de 100 francs est exigible.

OBSERVATIONS GÉNÉRALES ·

Le droit de timbre de quittance a été établi par la loi du 23 août 1871, dont l'article 18 contient la disposition suivante :

« A partir du 1er décembre 1871, sont soumis à un droit de timbre de 0 fr. 10 :

» Les quittances ou acquits donnés au pied des factures et mémoires, les quittances pures et simples, reçus ou décharges de sommes, titres, valeurs ou objets et, généralement, tous les titres de quelque nature qu'ils soient, signés ou non signés, qui emporteraient libération, reçu ou décharge. »

Ce droit de timbre, fixé à 0 fr. 10 par la loi du 23 août 1871, fut gradué par l'article 28 de la loi du 15 juillet 1914 de 0 fr. 10 à 0 fr. 50 suivant l'importance de la somme faisant l'objet du paiement.

Aux termes de l'article 19 de la loi du 31 décembre 1917, une nouvelle taxe est instituée ; ledit article dispose que cette nouvelle taxe sera perçue sur tous les titres de quelque nature qu'ils soient, signés ou non signés, constatant des paiements ou des versements de sommes, soit à des non commerçants pour une cause quelconque, soit à des commerçants pour une cause autre que l'exercice de leur commerce.

Mais l'article 20 de la même loi contient diverses exceptions à la règle ainsi posée et il y a lieu de retenir ici les exceptions suivantes qui peuvent surtout avoir leur effet dans les opérations des maisons de banque.

Sont en effet exemptés de la taxe nouvelle et continuent d'être soumis, chacun en ce qui le concerne, aux droits de timbre en vigueur :

1° Les titres constatant l'extinction d'une dette par voie de compensation légale ou de confusion ;

2° Les acquits inscrits sur les chèques ainsi que sur les lettres de change, billets à ordre et autres effets de commerce assujettis au droit proportionnel de timbre ;

3° Le renouvellement des lettres de change, billets à ordre et autres effets de commerce, qui reste soumis au droit proportionnel de timbre établi par l'article 1er de la loi du 5 juin 1850 ;

. . . .

6° Les reçus délivrés par les banques aux clients titulaires de comptes de dépôts, ainsi que les reçus donnés par lesdits titulaires, lorsqu'ils ont exclusivement pour objet de constater les versements ou les retraits effectués par les clients au crédit ou au débit de leur propre compte ;

L'article 19 précité ajoute : En ce qui concerne les titres soumis à la nouvelle taxe (qui est fixée à 0 fr. 20 par cent francs ou fraction de cent francs sans addition de décimes), cette nouvelle taxe est substituée au droit de timbre établi par les articles 18 de la loi du 23 août 1871 et 28 de la loi du 15 juillet 1914 sur les titres emportant libération, reçu ou décharge de sommes.

Les dispositions qui viennent d'être rappelées spécifient dans quelles conditions le droit de timbre fixe, gradué ou proportionnel, est exigible.

*
* *

A la charge de qui est le paiement de ce droit de timbre ?

La solution de cette question se trouve dans les dispositions législatives que nous allons rappeler :

D'une part, *article 23 de la loi du 23 août 1871* :

. . . . . Le droit de timbre est à la charge du *débiteur*; néanmoins, le créancier qui a donné quittance, reçu ou décharge en contravention aux dispositions de l'article 18 est tenu personnellement et sans recours, nonobstant toute stipulation contraire, du montant des droits, frais et amendes.

D'autre part, *l'article 22 de la loi du 31 décembre 1917* contient les dispositions suivantes :

. . . . . L'impôt est à la charge *de la partie qui aura effectué le paiement ou le versement ;* néanmoins, la *personne qui a donné quittance, reçu ou décharge* en contravention de l'article 19 est tenue personnellement et sans recours, nonobstant toute stipulation contraire, du montant des droits, frais et amendes.

* *
*

D'après l'article 23 de la loi du 23 août 1871, le droit de timbre est à la charge du *débiteur;* le débiteur, c'est la personne à laquelle un reçu est donné par le *créancier*. Si une personne a emprunté une somme de 1.000 francs à une autre, c'est l'emprunteur qui est le *débiteur*. Lorsqu'il se libère de sa dette, il demande un reçu à son *créancier;* il a intérêt à avoir un titre constatant sa libération; la loi met à sa charge le timbre qui est apposé par le *créancier* sur le reçu que celui-ci remet au débiteur.

La loi du 31 décembre 1917 consacre le même principe, à savoir que le timbre est à la charge du débiteur ; elle s'est servie toutefois de termes différents de ceux employés par le législateur de 1871 :

« L'impôt (dit l'article 22, deuxième paragraphe, de cette loi) est à la charge de la partie qui aura effectué le paiement ou le versement. »

Remarquons que les termes de la loi du 31 décembre 1917 sont plus étendus que ceux de la loi de 1871 : ils ne parlent pas seulement du débiteur, ils parlent de *la partie qui aura effectué le paiement ou le versement.* Cette définition comprend nécessairement le *débiteur*, mais elle s'applique aussi aux personnes qui auraient effectué un paiement ou un versement, alors même que ce paiement ou ce versement ne correspondrait pas à la libération d'une dette; on peut facilement supposer des cas dans lesquels un versement est opéré sans qu'il y ait dette ni libération; dans ces cas, les termes généraux de la loi obligeront à se demander quelle sera la taxe à appliquer (graduée ou proportionnelle) l'une ou l'autre étant en principe exigible.

On ne s'occupe d'ailleurs ici et quant à présent que de cette question de principe, en ce qui concerne l'exigibilité du timbre et en ce qui concerne la prise en charge de ce timbre.

La question de savoir si la taxe exigible comporte le timbre gradué ou le timbre proportionnel est différente et va faire l'objet des explications qui vont suivre et des réponses données ci-après aux questions posées.

* *
*

D'après l'article 18 de la loi du 23 août 1871, le droit est dû pour chaque acte, reçu, décharge ou quittance; il peut être acquitté par l'apposition d'un timbre mobile.

L'article 21 de la loi du 31 décembre 1917 reproduit cette disposition dans des termes à peu près identiques, mais en ajoutant à l'énumération l'*acte constatant un paiement.*

* *
*

Il résulte des dispositions de lois ci-dessus rappelées :

1° Que chaque reçu, décharge, quittance ou acte constatant un paiement doit être timbré au moment où il est délivré, que le timbre soit acquitté par l'apposition d'un timbre mobile ou par une estampille apposée préalablement par l'Administration du Timbre;

2° Que l'on peut poser comme principe général que le coût du timbre, avancé par celui qui donne le reçu, est à la charge de celui qui a intérêt à avoir ce reçu comme preuve de sa libération, de son versement ou de son paiement; le tout sauf conventions contraires entre les parties, conventions qui sont licites en pareil cas.

* *
*

Qu'arriverait-il si la personne ou Société qui doit donner le reçu, remettait, non timbré ou insuffisamment timbré, ce reçu à la personne qui doit le recevoir comme preuve de sa libération ou de son versement ?

La loi du 31 décembre 1917 (article 22, deuxième paragraphe) répond à la question : « Néanmoins, la personne qui a donné quittance, reçu ou décharge en contravention de l'article 19, est tenue *personnellement* et sans recours, nonobstant toute stipulation contraire, du montant des droits, frais et amendes. »

Cette disposition s'applique dans tous les cas, c'est-à-dire sans qu'il y ait lieu de distinguer si le droit de timbre exigible est le droit gradué, ou le droit proportionnel.

Supposons le cas suivant :

Une personne, non commerçante, a emprunté une somme de 10.000 francs à une autre personne non commerçante. L'emprunteur rembourse les 10.000 francs qui lui ont été prêtés. Le prêteur lui donne un reçu, n'appose sur le reçu que le timbre gradué de 0 fr. 50 alors que le droit de timbre exigible est le droit proportionnel de 0 fr. 20 0/0, soit 20 francs à la charge de l'emprunteur.

Le *prêteur* est tenu personnellement :

1° Du droit proportionnel de 0 fr. 20 0/0, soit 20 francs ;

2° D'une amende de 6 0/0 de la somme sur laquelle l'impôt n'aura pas été acquitté soit sur 10.000 fr. — 250 fr. — 9.750 fr.), à raison de 6 0/0 = 585 francs ;

3° Des frais.

(Art. 22, § 1er de la loi du 31 décembre 1917.)

Quant à l'emprunteur, il aura entre les mains un reçu de sa dette irrégulièrement timbré, mais il n'est tenu d'aucun droit ou amende envers l'Administration du Timbre, et au point de vue purement civil, le reçu dont il est en possession produira à son égard tous effets libératoires. Il ne serait obligé de payer le timbre et d'acquitter l'amende que si ultérieurement il avait à produire ce reçu en justice.

* *
*

Lorsque l'emprunteur et le prêteur sont en présence, le premier pour opérer le paiement du montant de sa dette, que nous supposerons être de 10.000 francs, le second pour recevoir ce montant et en donner quittance, il est à présumer que l'emprunteur ne versera les fonds que contre un reçu régulièrement timbré et que le prêteur ne lui remettra ce reçu que contre remboursement du droit de timbre proportionnel qui sera de 20 francs.

Mais il peut arriver que l'emprunteur envoie par la poste à son créancier la somme de 10.000 francs en billets de banque. Le créancier en accuse réception, mais il n'appose sur la lettre d'accusé de réception que le timbre gradué de 0 fr. 50.

Que devra faire l'emprunteur, ou si nous n'envisageons pas seulement l'hypothèse d'un prêt, la personne ou Société qui aura fait un versement ou un paiement pour lequel elle doit avoir un reçu, passible du timbre proportionnel de 0 fr. 20.

Cet emprunteur, cette personne ou Société, seront-ils tenus d'apposer eux-mêmes et d'annuler, sur la lettre d'accusé de réception des fonds, des timbres pour un montant de 20 francs ?

En aucune façon ; ils auront entre les mains un reçu irrégulièrement timbré mais valable comme titre libératoire, au point de vue civil. Ils auront, ainsi qu'il a été dit plus haut, à le faire timbrer et à acquitter l'amende s'ils sont amenés à le produire en justice.

Quant à la personne ou Société qui aura donné le reçu, elle sera tenue immédiatement, personnellement et sans recours, nonobstant toute stipulation contraire, du montant du droit, de l'amende et des frais si le reçu, par suite d'une circonstance quelconque, est saisi par l'Administration du Timbre.

Il faut d'ailleurs faire observer que les solutions qui viennent d'être indiquées, comme conséquences de l'application de la loi du 31 décembre 1917 au sujet du droit de timbre, sont les mêmes quel que soit le timbre exigible, qu'il s'agisse du droit gradué ou du droit proportionnel.

En résumé, les dispositions de la loi du 31 décembre 1917, relatives au timbre, reposent sur les principes suivants :

1° Le timbre doit être apposé par la personne ou la Société qui reçoit le paiement ou le versement et qui donne le reçu, la quittance ou la décharge. Cette apposition du timbre doit avoir lieu lors de la confection du reçu, étant observé que l'apposition du timbre peut être remplacée par une estampille émanant de l'Administration du Timbre et préalablement appliquée ;

2° Le timbre, apposé par la personne ou Société qui a délivré le reçu, est, sauf convention contraire, à la charge de la personne ou Société qui a effectué le paiement ou le versement et qui a intérêt à avoir, au moyen du reçu qui lui est donné, la preuve de sa libération ou de son versement ;

3° Le droit de timbre est gradué ou proportionnel, suivant la qualité de la personne ou Société qui reçoit et délivre reçu ou quittance.

C'est la qualité (de commerçant ou de non commerçant) de celui qui reçoit et qui donne quittance qui doit servir de base pour déterminer si c'est le droit gradué ou le droit proportionnel qui est exigible : ce principe de la loi doit être bien affirmé et maintenu. C'est donc le fait matériel, celui de la réception du paiement et de la datation de la quittance par un commerçant ou non commerçant qui sert de critérium pour déterminer l'exigibilité du timbre gradué ou du timbre proportionnel ; ce fait matériel n'est pas susceptible d'être discuté.

Si donc la personne ou société qui reçoit et qui délivre reçu ou quittance est commerçante et si le versement ou le paiement qui lui est fait n'est pas pour une cause non commerciale (ce qui sera l'exception, toute opération étant alors présumée commerciale), le droit gradué sera dû.

Si, au contraire, la personne ou Société qui reçoit et délivre reçu ou quittance n'est pas commerçante, le droit proportionnel sera dû.

Par conséquent, et sauf exceptions très rares, une maison de banque, qui est toujours de nature commerciale, qu'elle soit exploitée par un particulier, par une Société particulière ou par une Société par actions, ne devra timbrer qu'au droit gradué le reçu ou la quittance qu'elle délivrera.

Par contre, lorsqu'un reçu sera délivré à cette maison de banque par un non commerçant ou par un commerçant pour une cause autre que l'exercice de son commerce, ce reçu devra être revêtu du timbre proportionnel.

*
* *

Après ces quelques observations générales, il y a lieu de passer à l'examen des questions qui ont été posées et qui, s'appliquant à des espèces variées, lesquelles entrent toutes néanmoins dans l'exercice normal des opérations d'une maison de banque, ont paru mériter d'être étudiées et résolues, dans la mesure toutefois où une solution peut être dès maintenant adoptée.

Le Comité de l'Union des Banquiers et la Sous-Commission à laquelle celui-ci a demandé de se livrer à un examen attentif des questions posées et de celles que lui suggérait à elle-même l'étude de la loi, ne peuvent, en l'absence de toute jurisprudence nouvelle et en présence seulement d'instructions, nécessairement encore incomplètes, de l'Administration, que proposer les solutions qui leur ont paru justes et qui devraient être défendues dans le cas où les Services chargés de l'application de la loi, élèveraient des prétentions contraires.

Mais il est bien entendu que, par les raisons mêmes qui viennent d'être indiquées, l'Union Syndicale des Banquiers de Paris et de la Province ne peut assumer aucune responsabilité au sujet des réponses et des solutions qui vont être ci-après insérées.

N. B. — Dans tout le cours du présent travail, les mots *taxe ancienne* et *taxe nouvelle, timbre gradué* et *timbre proportionnel*, ont été sans cesse employés. Il faut noter :

Que les mots *taxe ancienne* et *timbre gradué* ont été adoptés pour tous les cas où les lois du 23 août 1871 et du 15 juillet 1914 continuent à recevoir leur application, c'est-à-dire, dans tous les cas où la taxe est suffisamment acquittée par l'apposition du timbre de 0 fr. 10 à 0 fr. 50 ;

Que les mots *taxe nouvelle* et *droit proportionnel* ont été adoptés, au contraire, pour tous les cas où la loi du 31 décembre 1917 doit recevoir son application, c'est-à-dire dans tous les cas où la taxe nouvelle de 0 fr. 20 par 100 francs et fraction de 100 francs doit être acquittée et dans lesquels, par conséquent, les timbres nouveaux doivent être apposés.

QUESTIONS POSÉES ET RÉPONSES

I

QUESTIONS

Quel est le droit afférent aux opérations ci-après :

1° Reçus délivrés par le client au débit de son compte.

2° Reçus délivrés par une banque pour le prix de location de coffre-fort.

3° Reçus délivrés par une banque pour versements sur titres.

4° Reçus délivrés par une banque pour droits de transferts sur titres à des commerçants ou non commerçants.

5° Reçus délivrés par clients pour compte de tiers.

6° Reçus délivrés par clients pour compte de tiers–commerçants ou non commerçants.

7° Reçus délivrés pour commission sur souscription.

8° Reçus délivrés à une banque par un tiers (généralement un banquier) pour remboursement de coupons ou titres payés par lui et dont le service est fait par ladite banque ;

9° Reçus délivrés par un mandataire touchant d'une banque une somme pour le compte de son mandant.

RÉPONSES

Le timbre à apposer sur le reçu que donne le client d'une somme qu'il retire de son compte de dépôt n'est soumis qu'au timbre gradué en vertu du paragraphe 6 de l'article 20 de la loi.

S'il s'agit du reçu d'une somme retirée d'un compte courant ou de tout autre compte par un commerçant, le timbre est celui du droit gradué (art. 19 de la loi) ; si le retrait est effectué par un non commerçant ou par un commerçant pour un acte non commercial, le timbre proportionnel doit être apposé.

Timbre gradué. Acte de commerce.

Opération commerciale. Timbre gradué.

Opération commerciale. Timbre gradué.

Si le reçu est donné par un commerçant, le droit gradué est applicable. Si le reçu est donné par un non commerçant, c'est le timbre proportionnel qui doit être appliqué.

La solution est la même.

Si le reçu est donné par un commerçant : timbre gradué. Si le bénéficiaire est un non commerçant : timbre proportionnel.

Même solution.

La situation devra se résoudre comme si la somme était reçue par le mandant lui-même. Il y aura lieu, par conséquent, d'appliquer les mêmes distinctions suivant la nature du compte et la qualité du mandant.

*

II

QUESTIONS

1° Un bordereau numérique établi par le client, ne portant ni son nom, ni son adresse, mais simplement l'énoncé de la valeur avec les numéros permettant la vérification des tirages et des oppositions et ne comportant aucune estampille ou mention d'acquit et constituant ainsi une *pièce intérieure* est-il soumis au droit de 0 fr. 20 0/0?

2° Le paiement de coupons sur certificats nominatifs, effectué au moyen d'une estampille sur ledit certificat, peut-il constituer un fait libératoire et soumettre ledit paiement au droit de 0 fr. 20 0/0? dans l'affirmative il y aurait lieu de faire signer un reçu et de le timbrer.

3° La même question se pose pour le paiement des coupons sur les certificats de dépôts de titres prêtés à l'État.

4° Le crédit d'encaissement donné à un client (non commerçant) d'une remise de coupons effectuée par lettre de ce client, est-il soumis à l'impôt de 0 fr. 20 0/0.

Le crédit donné pour les mêmes raisons à un banquier est-il soumis à un droit quelconque? si oui, lequel?

5° Les perceptions de coupons détachés de titres sous dossier de la clientèle (banquiers ou non banquiers) sont-elles soumises à l'impôt?

RÉPONSES

La nouvelle taxe est due sur le bordereau, même non signé, écrit par un porteur de coupons et remis par lui au guichet d'une Compagnie pour obtenir son payement, dès lors que ce bordereau est accepté par la Compagnie et revêtu d'une estampille ou d'une mention d'acquit. (Cass., Arrêt du 11 février 1874.)

Par contre, la nouvelle taxe ne sera pas due si le porteur de coupons demeure étranger à la confection du bordereau ; car, dans cette hypothèse, le bordereau étant l'œuvre exclusive de la Compagnie, ne peut être opposé au créancier comme titre libératoire. (Instruction de la Direction générale de l'Enregistrement en date du 4 mars 1918).

Même observation, en ce qui concerne le bordereau, sur l'opération en elle-même. Il y a lieu de tenir compte, à l'appui d'une réponse négative, de ce fait que le timbre fixe de 0 fr. 10, puis le timbre gradué n'étaient pas antérieurement exigés à raison de l'estampille sur le certificat; or, aux termes de l'instruction précitée (p. 5) l'article 19 de la loi du 31 décembre 1917 doit être appliqué dans les mêmes conditions que l'article 18 de la loi du 23 août 1871 qui a établi le timbre de quittance.

Dans les deux cas ci-dessus résolus, si le payeur est une banque intermédiaire et que l'État débiteur ou la Compagnie débitrice veuille avoir un reçu ou un bordereau établi par le porteur, ce sera à cette Compagnie ou à l'État débiteur qu'incombera le timbre qui, à raison du reçu sera exigible sous réserve de la distinction à faire (s'il y a lieu) entre le commerçant et le non commerçant.

Le reçu devrait être exempt de tout droit par application des conditions des prêts.

Question à poser à l'Administration.

Aucun timbre n'est dû : la simple inscription au crédit du compte ne donnant pas lieu à l'application de l'impôt.

Même solution négative.

Même solution négative.

QUESTIONS	RÉPONSES
6° En cas de paiement avec acquits à des clients banquiers, de coupons détachés de titres reposan sous leur dossier, y a-t-il lieu d'appliquer l'impôt de 0 fr. 10 à 0 fr. 50 ou celui de 0 fr. 20 0/0 ?	S'il s'agit d'un paiement à une banque, droit gradué ; s'il s'agit d'une remise de coupons en nature, droit fixe de 0 fr. 10 comme reçu d'objets.
7° Le récépissé d'impôts sur coupons de valeurs étrangères non abonnées est-il soumis à l'impôt de 0 fr. 20 0/0 ou doit-il continuer à être timbré à 0 fr. 10 quel que soit le montant de cet impôt ?	La loi du 31 décembre 1917 n'apporte aucune dérogation aux dispositions de l'Instruction n° 3412 de la Direction générale de l'Enregistrement.
8° Les reçus des sommes versées aux proprié-taires de valeurs restées en pays envahis en repré-sentation des coupons qu'ils sont dans l'impossi-bilité de présenter doivent-ils être timbrés à 0 fr. 20 0/0 (l'art. 9 de la loi du 4 avril 1915 pouvant permettre d'être interprété dans un sens négatif) ?	Question à poser à l'Administration.
9° L'impôt de 0 fr. 20 serait-il applicable aux propriétaires dépossédés, mais demeurant en pays non envahis ?	Question à poser à l'Administration.
10° Y aurait-il lieu d'établir une entente entre les divers établissements de crédit, faisant le ser-vice de coupons pour compte d'États étrangers, de Sociétés françaises ou étrangères qui exigent des-dits établissements la remise de bordereaux numériques individuels de porteurs de valeurs de ces Sociétés, pour réclamer à ces États ou Sociétés le montant d'un timbre de 0 fr. 20 0/0 à apposer sur ces bordereaux ?	Se référer aux réponses faites sous les numéros 1° et 2° Ces réponses comportent, d'ailleurs, la possibi-lité et peut-être même l'utilité de l'entente dont il est parlé ci-contre.
11° Une banque crédite par lettre un client non commerçant du montant d'un dividende ou d'un coupon d'intérêts sur des titres formant l'objet d'une participation que ledit client a chez la banque ou encore d'un bénéfice provenant de cette participation. Le timbre proportionnel doit-il être apposé par la *banque* ? Si oui, est-ce sur la lettre donnant l'écriture de crédit ou sur l'accusé de réception du client ?	Aucun timbre n'est à apposer.

III

Quel timbre faut-il apposer ?

1° Sur récépissés de souscriptions et sur verse-ments de libération effectués :	Référence à la solution donnée sur la question n° 3 du paragraphe 1er ci-dessus.
a) En espèces ;	Versement fait en espèces : timbre gradué.
b) En chèques ;	Versement fait en chèque : timbre gradué, le chèque étant en ce cas libératoire.
c) En virements.	Versement fait en virement : timbre gradué pour le même motif.

QUESTIONS

2° Accusés de réception, par une banque :

a) De fonds ;

b) De chèques ;

c) De virements, à l'appui de versements de souscriptions.

3° Remboursements sur souscriptions :

a) Par crédit compte courant ;

b) Par versement.

4° Accusés de réception, par une banque :

a) De fonds ;

b) De chèques ;

c) De virements :

A) Crédités en compte, sans affectation spéciale ;

B) Crédités en compte, avec affectation en couverture d'une souscription déjà débitée en compte courant ;

c) Crédités en compte, avec affectation partielle, comme couverture d'une souscription.

Règlement d'une souscription par débit en compte.

5° Virement d'un compte à un autre avec ou sans affectation spéciale.

6° Crédit d'encaissement d'intérêts sur bons de la Défense Nationale.

Règlement en espèces des intérêts encaissés sur ces bons.

7° Crédit de remboursement de bons de la Défense Nationale.

Règlement en espèces, du remboursement de ces bons.

8° Débit donné au siège d'une banque pour compte d'une de ses agences, comme règlement d'une souscription ou de titres, ou remboursement de frais.

RÉPONSES

La solution est la même sur les trois points.

Aucun timbre n'est dû sur la première opération, *(a)*.

Sur la deuxième opération *(b)*, distinction à faire suivant que la partie recevante est commerçante ou non commerçante. Dans le premier cas, le timbre gradué est applicable ; dans le second, c'est le timbre proportionnel.

L'accusé de réception dans les trois cas doit recevoir le timbre gradué. Étant observé que c'est l'accusé de réception qui entraîne l'exigibilité du timbre et non l'inscription au compte qui est faite à la suite de l'accusé de réception.

Même solution.

Même solution.

Même solution.

L'opération ne comporte aucun timbre.

Dans ce cas, c'est la loi du 30 juillet 1913 (art. 12) qui est applicable et non celle du 31 décembre 1917. Le droit dû est le même que le droit sur les chèques, soit 0 fr. 10 sur la même place et 0 fr. 20 d'une place sur une autre.

Cette opération ne comporte aucun timbre.

Le timbre à apposer est le timbre gradué ou proportionnel suivant que le paiement est fait à un commerçant ou à un non commerçant. La présente réponse restant toutefois soumise à la solution sollicitée de l'administration en ce qui concerne l'affranchissement de tout droit de timbre sur les opérations concernant les bons de la Défense Nationale.

Aucun timbre.

Même solution que sous la question six ci-dessus et sous la même réserve.

Les diverses opérations indiquées dans la question ci-contre ne comportent l'apposition d'aucun timbre.

IV

QUESTIONS	RÉPONSES

1º Une banque ouvre un compte à tout client qui fait acheter des titres, ce client lui envoie des fonds pour faire face à ses ordres d'achat.

Quid du timbre sur l'accusé de réception ?

Le timbre à apposer est le timbre gradué.

2º Un client (non banquier) quel qu'il soit accuse réception à une banque, d'un chèque que cette banque lui a remis à son débit.

Le timbre à apposer sur l'accusé de réception est le timbre gradué.

3º *Quid* s'il n'accuse pas réception étant donné qu'il n'existera pas de titre libératoire ?

Aucun timbre n'est dû, aucun titre libératoire n'existant.

4º Une banque a envoyé à une Compagnie ou à un banquier, des coupons à l'encaissement et la banque en reçoit la couverture :

a) Soit par l'inscription à son compte chez cette Compagnie ;

L'opération s'effectuant par l'inscription au compte, aucun timbre n'est dû.

b) Soit par chèque sur ses caisses.

Le timbre gradué est dû, le chèque étant, en ce cas, libératoire.

5º La lettre passant écriture conforme ou accusant réception doit-elle être timbrée ?

Aucun timbre, s'il n'y a qu'inscription au compte ; droit gradué s'il y a eu paiement par chèque.

6º *Quid* si les coupons sont la propriété de clients ?

Quid si les coupons sont *propriété de la banque seule* ?

Même solution, sans distinction entre les deux cas prévus dans la question ci-contre.

7º Remise par une banque, un commerçant ou un tiers à une autre banque d'un chèque ou effet de commerce *pour l'encaissement* au crédit d'un tiers.

Y a-t-il une différence à établir selon que la remise a été faite par un particulier ou par une maison de commerce ?

Aucun droit n'est dû en vertu de l'exemption prévue en l'article 4 de la loi du 30 mars 1872.

Aucune différence n'est à établir.

8º Accusés de réception de chèques qui sont remis à une banque par une autre banque, par exemple : « comme montant du versement du premier quart sur actions de Sociétés en formation ».

Quel est le timbre qui est applicable ?

Y a-t-il une distinction à faire, selon que :

a) La remise est faite par l'actionnaire lui-même pour en créditer la Compagnie en formation ;

b) Par une banque, d'ordre de ses clients pour le crédit de ladite Compagnie en formation ?

Dans ce dernier cas, le montant du timbre doit-il être calculé sur la somme globale ou sur chaque montant séparément si la lettre faisant la remise l'énonce ?

Dans les divers cas visés dans la question ci-contre c'est, sans qu'il y ait de distinction à faire, le timbre gradué qui est applicable.

Le montant du timbre gradué est déterminé par le montant global de la somme remise.

QUESTIONS	RÉPONSES

9° Une banque envoie à des tiers pour compte de ses succursales ou de clients des chèques ou des billets de banque.

Quel est le timbre applicable à l'accusé de réception donné par les tiers ?

> Le timbre à apposer est le timbre gradué si le tiers est commerçant et le timbre proportionnel s'il est non commerçant.

Si l'accusé de réception est donné :

Par un soldat français ou allié, le timbre est-il exigible ?

> Question à soumettre à l'Administration.

Par un neutre ?

> La loi s'applique aux neutres si l'accusé de réception est donné en France.

10° Une banque reçoit d'une Compagnie des chèques représentant le dividende sur des titres lui appartenant, mais inscrits au nom de particuliers.

Si la banque en accuse réception, à quel taux doit-on timbrer ?

> Droit gradué sauf preuve à faire de la réalité de la propriété en la personne de la banque.

Si la banque n'en accuse pas réception, y a-t-il lieu ou non d'apposer un timbre sur la lettre d'envoi ?

> Aucun timbre n'est à apposer.

11° Une Société en formation retire une partie du versement de constitution et laisse un solde, faut-il timbrer au nouveau droit de 0 fr. 20 0/0 le reçu du versement ?

> Le timbre gradué est applicable dans les deux cas, sauf celui où la partie recevante n'aurait pas, par exception, la qualité de commerçant.

12° Une banque remet à une autre banque un mandat à titre de provision pour coupons, quel est le timbre que comporte l'accusé de réception ?

> Le timbre gradué est dû.

V

Quel est le tarif (ancien ou nouveau) applicable dans les cas suivants :

1° Reçus délivrés aux agents d'une succursale de Société titulaire d'un compte courant, constatant des versements faits audit compte ?

> Le timbre gradué est seul applicable alors même qu'il s'agirait d'un compte courant et non d'un compte de dépôt.

2° Reçus délivrés aux agents d'assurances pour des sommes versées dans les mêmes conditions que ci-dessus au crédit de la Compagnie ?

> Timbre gradué.

3° Reçus délivrés aux trésoriers de Sociétés mutuelles ou Associations pour des versements au compte de leurs Sociétés ou Associations ?

> Timbre gradué.

4° Reçus constatant les versements faits par une banque en contrepartie de remises de papier effectuées par des personnes non titulaires de comptes ?

> Timbre gradué, si le reçu est donné par un commerçant; dans le cas contraire, timbre proportionnel.

5° Reçus de lettres adressées par une banque à ses recouvreurs en accusés de réception de leurs envois de fonds ou de mandats ?

> Timbre gradué.

QUESTIONS	RÉPONSES

6° Reçus constatant des versements effectués à une banque pour participer à une souscription ?

Timbre gradué.

7° Reçus constatant des versements effectués à une banque pour libération d'actions d'une Société ?

Timbre gradué.

8° Reçus constatant des versements effectués par une banque à des clients titulaires de comptes passant ?

Le timbre proportionnel est applicable si le compte dont le client est titulaire n'est pas un compte de dépôt, ou si le client n'est pas commerçant.

9° Reçus constatant les paiements de fournitures (papier, charbon, etc.) faites à une banque ?

Question résolue dans un paragraphe spécial, n° VII ci-après.

10° Reçus constatant le paiement de travaux d'installation ou réparation effectués par un entrepreneur pour le compte d'une banque ?

De même pour cette question, voir n° VII ci-après.

11° Reçus ou bordereaux remis par une banque lors de la présentation au remboursement de coupons payés à ses guichets ?

Cette question se rapporte à celle qui a été déjà résolue sous le numéro 1 du paragraphe 2 ci-dessus. Il n'y a donc qu'à se référer à la réponse déjà faite, celle que l'on pourrait donner à la question ci-contre devant être identique.

12° Reçus constatant des paiements effectués sur lettres de crédit :

a) A la personne même qui a demandé la lettre de crédit ;

a) C'est le timbre gradué qui doit être apposé, le titulaire de la lettre de crédit devant être considéré comme titulaire d'un compte de dépôt ;

b) A un **tiers** au profit duquel a été demandée la lettre de crédit ?

b) C'est le timbre proportionnel qui doit être apposé, à moins que ce tiers ne soit un commerçant, auquel cas c'est le timbre gradué.

13° Reçus constatant des versements faits par une banque sur l'ordre d'un de ses correspondants sans indication de l'objet de ce règlement ?

C'est le droit gradué qui est applicable si le versement est fait à un commerçant ; dans le cas contraire, le timbre proportionnel doit être apposé.

14° Reçus constatant des versements faits par une banque sur l'ordre d'une de ses agences des colonies ou de l'étranger sans indication de l'objet de ce réglement

C'est le droit gradué seul qui est dû si la personne ou Société à qui est fait le versement et qui en donne quittance est commerçante ; dans le cas contraire, c'est le timbre proportionnel qui est applicable.

15° Reçus ou factures domiciliés. Le banquier est-il tenu de vérifier s'ils sont timbrés conformément à la loi ?

Lorsque le banquier paie pour son client le montant de reçus ou factures domiciliés chez ce banquier par ledit client, il semble que ledit banquier qui agit en ce cas comme mandataire de son client, doit être tenu de vérifier si les reçus ou factures dont il s'agit sont timbrés conformément à la loi, mais précisément à raison de sa qualité de mandataire occasionnel il peut se faire couvrir par son mandant de toute responsabilité au sujet desdits timbres.

QUESTIONS

16° Reçus remis à l'encaissement. Le banquier est-il tenu de vérifier s'ils sont timbrés conformément à la loi?

Si oui, peut-il et doit-il se considérer comme dégagé de toute responsabilité si les reçus portent la mention qu'ils sont exempts des nouvelles taxes parce que constatant le paiement de marchandises destinées à être revendues?

RÉPONSES

La même solution doit être admise lorsqu'il s'agit de reçus remis à l'encaissement, à supposer que le banquier accepte de se charger de cette opération, car dans cette circonstance également il agit comme mandataire. Toutefois le banquier, pour le motif même qui a été indiqué dans la réponse à la question précédente peut être couvert par un engagement de son client qui restera également responsable à l'égard du banquier quant à l'exactitude de la mention que porteraient les reçus et qui constaterait que ces documents sont exempts du timbre proportionnel parce qu'ils s'appliquent au paiement de marchandises destinées à être revendues.

Au surplus, il ne semble pas que le banquier, dans les deux cas qui viennent d'être indiqués, puisse être l'objet d'une recherche de la part de l'Administration fiscale s'il a soin de n'apposer sur les reçus aucune griffe ni estampille émanant de sa maison.

Pour éviter toute difficulté à ce sujet, le banquier encaisseur devra, dans la pratique, vérifier si le timbre apposé est régulier et suffisant et s'il n'en est pas ainsi, retourner le reçu à son client pour que celui-ci le régularise.

VI

1° Quel est le timbre qui doit être apposé sur les reçus d'objets?

La taxe nouvelle ne s'applique pas aux reçus d'objets; en conséquence les reçus de titres, de coupons, d'objets quelconques ou de colis déposés en garde, ne sont assujettis, comme antérieurement, qu'à l'ancien timbre de quittance de 0 fr. 10.

2° Quel est le timbre afférent aux reçus constatant le paiement d'indemnités de sinistre payées par les Compagnies d'assurances à un commerçant.

L'instruction du 4 mars 1918 indique que si une Compagnie d'assurances encaisse le montant d'une prime c'est l'ancien droit de timbre qui est applicable, c'est-à-dire le timbre gradué parce qu'on est en présence d'un paiement fait à un commerçant pour une cause tenant à l'exercice de son commerce.

L'instruction ajoute ensuite que si cette même Compagnie d'assurances verse à un commerçant ou à un non-commerçant, le montant d'une indemnité de sinistre, le paiement donnera lieu à la perception de la nouvelle taxe.

Cette opinion de l'Administration ne saurait être admise et semble pouvoir être contestée dans le cas où l'indemnité de sinistre est payée à un commerçant pour l'indemniser d'une perte que le sinistre lui a causée dans l'exercice de son commerce. Il est évident, en effet, que si le sinistre

QUESTIONS

3º Quel est le timbre à apposer sur les pièces constatant le paiement des employés, ouvriers et de tous autres salariés ?

RÉPONSES

a atteint des marchandises ou un immeuble appartenant au commerçant, dans lequel son industrie est exercée, ce cas doit être assimilé à celui que suppose la circulaire dans son paragraphe précédent et que le paiement est bien fait à un commerçant pour une cause résultant de son commerce.

C'est donc, dans cette hypothèse, non pas la nouvelle taxe, mais l'ancien timbre gradué qui devra recevoir son application.

La solution qui résulte de la loi et qui a été adoptée par l'Administration est très nette, la réponse à la question ci-contre est que : dès qu'il y a reconnaissance sous une forme quelconque du paiement, c'est le timbre proportionnel qui doit, en ce cas être employé.

La substitution du timbre proportionnel au timbre gradué reçoit ici et sans contestation possible, son application. Sous l'empire de la loi du 23 août 1871, les feuilles ou les bulletins de paie émargés de la signature de l'employé ou de l'ouvrier ou de tous signes conventionnels en tenant lieu, tombaient, lorsque la somme excédait 10 fr., sous l'application de l'article 18 de ladite loi et la jurisprudence avait constaté la nécessité d'apposer sur les états de paie autant de timbres qu'il y avait de sommes quittancées supérieures à 10 fr. ou constituant des acomptes sur des sommes excédant ce chiffre.

La taxe de 0 fr. 20 par 100 francs, créée par la loi du 31 décembre 1917, étant substituée au droit de timbre gradué est donc applicable en l'espèce et les feuilles ou bulletins de paie sont actuellement assujettis à cette nouvelle taxe dans les conditions mêmes où ils auraient été assujettis au timbre gradué avant le 2 avril 1918.

VII

1º Reçus constatant les paiements de fournitures (papier charbon, etc.) faites à une banque.

Dans le cas prévu par cette question, c'est l'article 23 de la loi du 31 décembre 1917 qui doit recevoir son application. Cet article dispose que le paiement du prix de la vente en détail ou à la consommation de toutes marchandises, denrées, fournitures ou objets quelconques est frappé, lorsque ce paiement dépasse 150 francs, d'une taxe de 0 fr. 20 par 100 francs ou fraction de 100 francs et que ladite taxe est également perçue sur tous les titres, de quelque nature qu'ils soient, signés ou non signés, qui pourraient être émis par le vendeur en constatation des paiements effectués inférieurs à 150 francs et supérieurs à 10 francs.

QUESTIONS

RÉPONSES

Il résulte de ce texte que la taxe nouvelle est due par tous les acheteurs de marchandises au détail ou à la consommation et que seuls en sont exempts les commerçants qui achètent en gros pour revendre, à la condition de remettre à leurs vendeurs une déclaration constatant cette destination.

Les fournitures dont il est parlé dans la question ci-contre entrent évidemment dans les acquisitions faites pour la consommation et par conséquent la taxe de 0 fr. 20 par 100 francs ou fraction de 100 francs est applicable dans les conditions qui viennent d'être indiquées et qui sont prescrites par l'article 23 de la loi.

Cette taxe est à la charge de l'acheteur et, en l'espèce, à la charge de la banque à laquelle la fourniture est faite, sauf convention contraire.

2° Reçus constatant le paiement de travaux d'installation ou de réparation effectués par un entrepreneur pour le compte d'une banque.

Il ne s'agit plus ici, comme dans la question précédente, d'une vente pour la consommation ; on se trouve en présence d'une opération commerciale effectuée entre deux commerçants, la banque d'une part, l'entrepreneur d'autre part. L'article 23 ne doit pas recevoir son application et c'est le timbre gradué qui doit seulement être apposé sur le reçu ou sur le mémoire que l'on acquitte.

II

Application de la loi du 31 décembre 1917
en ce qui concerne le timbre des effets de commerce et réponses
à quelques questions posées à ce sujet.

QUESTIONS POSÉES ET RÉPONSES

QUESTIONS	RÉPONSES
À quel timbre sont assujettis les effets de commerce ci-après indiqués :	
1° Effets créés en France et payables en France ;	Le nouveau tarif de 0 fr. 20 par 100 francs ou par fraction de 100 francs est applicable et remplace l'ancien tarif de 0 fr. 05 par 100 francs ou par fraction de 100 francs.
2° Effets créés en France et payables à l'étranger ;	L'ancien tarif de 0 fr. 05 par 100 francs ou par fraction de 100 francs est maintenu et les effets de l'espèce demeurent soumis à cet ancien tarif seulement.
3° Effets créés à l'étranger et payables en France ;	Ces effets sont soumis au tarif de 0 fr. 20 par 100 francs ou fraction de 100 francs.
4° Effets créés à l'étranger, endossés en France et payables à l'étranger ;	L'ancien tarif de 0 fr. 50 par 2.000 francs ou fraction de cette somme n'est pas modifié ; les effets de l'espèce demeurent donc soumis audit ancien tarif.
5° Renouvellement des lettres de change, billets à ordre et autres effets de commerce.	Les effets tirés, acceptés ou souscrits *en renouvellement* demeurent soumis à l'ancien tarif de 0 fr. 05 par 100 francs seulement, mais ce tarif de faveur n'est applicable qu'à la condition que la valeur souscrite ou acceptée en renouvellement comporte dans son libellé l'indication *de ce renouvellement*.
6° Le timbre de 0 fr. 20 0/0 sur les effets de commerce établi par la loi du 31 décembre 1917 doit-il se fractionner par 100 francs indéfiniment ou par tranche de 1.000 francs au-dessus de cette somme ?	Le tarif applicable est celui de 0 fr. 20 par 100 francs. Par exemple, un effet de 1.100 francs sera passible d'un timbre de 2 fr. 20 et non pas d'un timbre de 4 francs.

IMPRIMERIE CHAIX, RUE BERGÈRE, 20, PARIS. — 5792-5-18. — (Encre Lorilleux).